FACTUM

POUR Dame Marie d'Urre d'Aiguebonne de Cornillon, Marquise de saint Maurice, heritiere substituée & remplissant le quatriéme & dernier degré de la substitution de Claude d'Urre son Ayeul, défendresse & demanderesse.

CONTRE Dame Françoise d'Urre Doncieu, Marquise doüairiere de Brison.

Messire Cæsar de Renaud, Chevalier, Marquis d'Alins, demandeurs & deffendeurs.

Les Demoiselles de saint Maurice, Comtesses de Varax deffenderesses.

ET encore contre les Sieurs Marquis de Brison & Comte de Varax intervenans.

LES Substitutions portées par le Testament de Claude d'Urre du 19. Février 1537. font le sujet de la contestation d'entre les parties, chacune d'elles en demande l'ouverture en sa faveur.

FAIT

Claude d'Urre par son testament du 19. Février 1537. a substitué tous ses biens à ses enfans & à leurs descendans graduellement & perpetuellement. Louis d'Urre son fils ayant été institué heritier universel, n'a point fait de degré; Antoine d'Urre second fils de Louis, a rempli le premier degré : François d'Urre, fils d'Antoine a fait le second degré, après son decez; Mre Guichard d'Urre, Marquis d'Aiguebonne, fils de Rostain d'Urre, puîné de Loüis, a fait prononcer l'ouverture de la substitution de Claude d'Urre en sa faveur & a rempli le troisiéme degré.

A

Messire Guichard d'Urre, marquis d'Aiguebonne, n'ayant point d'enfans, il a nommé par acte du 20. Mars 1692. la Dame Marquise de saint Maurice sa sœur aînée peur recueillir après lui les biens substitués.

La Dame Marquise de saint Maurice, se trouvant appellée de droit à la substitution de son ayeul, & ayant par dessus cela l'avantage de la nomination faite de sa personne par Messire Guichard d'Urre son frere le dernier des males de son nom & de sa maison, elle a repris au Greffe de la Cour par acte du 31. Janvier 1708. l'Instance au rapport de Monsieur Ferrand au sujet des contestations qui y sont pendantes & indecises contre les Sieurs & Dame de Montbrun touchant la Terre de saint Maurice substituée par Claude d'Urre.

Les Sieurs & Dame de Montbrun s'estant opposés à cette reprise sous prétexte que les biens substitués appartenoient au sieur Baron de la Garde, & à la Dame Marquise de Brison dont ils firent valoir les interests avec toute la vivacité & toute la force imaginable, il est intervenu Arrest sur productions respectives des parties le 3. Avril 1708. par lequel ils ont été deboutez de leur opposition, & ordonné qu'il seroit passé outre au jugement du procès avec la dame Marquise de saint Maurice en qualité d'heritiere substituée de Claude d'Urre.

Par autre Arrest du 28. Aoust 1709. contradictoire avec les heritiers de Messire Guichard d'Urre, Marquis d'Aiguebonne, l'ouverture de la substitution de Claude d'Urre a été ordonnée en faveur de la dame Marquise de saint Maurice.

Depuis ces Arrests, Messire Antoine Escalin, Baron de la Garde, Messire Louis de Simiane, de Claret, marquis d'Esparron, Messire Cæsar de Renaud marquis d'Alins, & Dame Françoise d'Urre marquise douairiere de Brison ayant prétendu être appellés à la substitution, ils firent assigner devant le Vice-sénéchal de Montelimard en Dauphiné, la dame *Marquise de saint Maurice* & les demoiselles de saint Maurice heritieres de Messire Guichard d'Urre pour voir ordonner l'ouverture de la substitution en leur faveur.

La Dame Marquise de saint Maurice ayant demandé d'estre renvoyée en la Cour, cela a donné lieu à un Reglement de juge porté au Conseil où il est intervenu Arrest sur productions respectives des parties le 21. Octobre 1709. par lequel S. M. a renvoyé en la Cour les demandes en ouverture de substitution formées devant le Vice-sénéchal de Montelimard.

De toutes les parties qui plaidoient au Conseil, la dame Marquise de saint Maurice n'a plus à combattre que la prétention du sieur marquis d'Alins & celle de la Dame marquise de Brison, d'autant que les sieurs marquis de Simiane de Claret, & baron de la Garde, se sont desistez de leurs demandes, & ont cedé leurs droits purement & simplement à la Dame marquise de saint Maurice qui va montrer que les biens substituez lui appartiennent incontestablement, comme la Cour l'a déja préjugé par ses Arrests des 3. Avril 1708 & 28. Aoust 1709. Les contestations des parties étant sur le point d'être jugées en la Cour, les sieurs Marquis de Brison & Comte de Varax ont été reçus parties intervenantes en l'Instance & demandent aussi l'ouverture du fideicommis en leur faveur.

Le Testament de Claude d'Urre qui forme le sujet des contestations des parties renferme deux differentes substitutions, l'une regarde les biens en general de Claude d'Urre, l'autre concerne la terre de saint Maurice, pour raison de laquelle il a fait une substitution particuliere distincte & separée du fideicommis universel contenu dans son Testament.

La raison de cette difference, est que la terre de saint Maurice procedoit de la liberalité de Louis Ademard Duc de Monteil & Comte de Grignan son beau-frere qui lui en avoit fait une donation le 30. Octobre 1533. à condition de la laisser à Louis d'Urre son fils.

La dame Marquise de saint Maurice prétend que l'un & l'autre fideicommis lui appartient. Elle établira d'abord sa prétention à l'égard de la terre de saint Maurice, & ensuite elle fera voir que le fideicommis universel ne lui peut estre contesté.

Premiere Proposition.

Que la terre de saint Maurice apartient à la Dame Marquise de saint Maurice, & qu'aucune des parties n'a droit de lui contester cette terre.

Le testament de Claude d'Urre au sujet de la terre de saint Maurice contient quatre parties ou quatre dispositions subordonnées les unes aux autres, dont les deux premieres sont en faveur des mâles du nom & de la maison d'Urre & de leurs descendans mâles, les deux autres en faveur des filles de la même maison & de leurs enfans dans le cas de defaillance des mâles.

Premiere disposition, qui a pour objet les mâles. *Item finaliter idem Dominus testator declaravit & declarat, quòd supra dictum castrum locum mandamentum & jurisdictionem sancti Mauritii. Quòd voluit & vult ac disponit, quòd ipsum castrum mandamentum cum suo directi dominio jurisdictione aç domanio post decessum dicti nobilis Ludovici de urro sui hæredis, universalis pleno jure perveniat nonobstantibus supra dictis substitutionibus primo ad ejus nobilis hæredis liberos masculos.*

Par cette premiere disposition le testateur veut, que nonobstant le fideicommis universel contenu dans son testament, la terre de saint Maurice appartienne après le decès de Loüis d'Urre, premierement à ses enfans mâles.

Et liberorum liberos usque in infinitum quos ipse hæres vel sui electi elegerint vel nominaverint veluti habiles, alioquin ad primogenitum veluti idoneum capacem ut supra.

Cette deuxiéme disposition rapele jusques à l'infini, *les enfans des enfans de Louis d'Urre, avec liberté à Louis d'Urre heritier & aux Substituez de nommer & choisir celui qu'ils jugeroient à propos pour recueillir la substitution.*

Cette premiere & deuxiéme disposition ont eu leur execution jusques à Guichard d'Urre, qui a fait le troisiéme degré.

Guichard d'Urre étant mort sans enfans, & avec lui tous les mâles du nom & de la Maison d'Urre ; ces premieres dispositions se sont trouvées éteintes par la défaillance des mâles ; il n'est plus question à present que de l'execution des deux dernieres dispositions en faveur des filles de Loüis d'Urre, ausquelles le Testateur a voulu que la terre de S. Maurice apartint.

Troisiéme disposition qui contient la vocation de la Dame Marquise de S. Maurice *Et jam dictis liberis masculis & ipsorum liberorum masculis deficientibus voluit, ordinavit & disposuit quod dictum castrum veniat & spectet pleno jure ad filias superstites ipsius Ludovici de urro hæredis universalis quam vel quas elegerit.*

Cette troisiéme disposition apele dans le cas de défaillance des mâles de la Maison d'Urre, les filles de Loüis d'Urre ; elle contient la vocation de la Dame Marquise de S. Maurice petite-fille de Loüis d'Urre. *Et post illarum decessum ad liberos & liberorum liberos usque in infinitum earumdem filiarum prædicti hæredis universalis videlicet ad illos liberos per easdem filias vel per ipsam electos eligendos idoneos & capaces num vel plures.*

Par cette quatriéme & derniere disposition *les enfans des filles de Loüis d'Urre, & les enfans de leurs enfans jusques à l'infini, sans aucune distinction de sexe, soit mâle ou femelle sont rapelez, avec liberté encore aux filles de Loüis d'Urre de nommer & choisir pour remplir le degré de substitution.*

Dans

Dans le cas qui est arrivé de la défaillance des mâles du nom & de la Maison d'Urre, il est incontestable que la Terre de S. Maurice apartient à la Dame Marquise de S. Maurice, qui trouve sa vocation dans la troisiéme disposition du Testament de Claude d'Urre, *masculis deficientibus, voluit quod dictum castrum veniat plene jure ad filias superstites ipsius Ludovici de urro hæredis :* La Dame Marquise de S. Maurice est petite-fille de Louis d'Urre, & par conséquent.

Elle a encore deux avantages considerables sur la Dame Marquise de Brison : L'un est qu'elle est sœur & heritiere de Guichard d'Urre le dernier des mâles de la Maison d'Urre, & le dernier possesseur des biens substitués : L'autre est qu'elle est plus proche d'un degré ; car la Dame Marquise de S. Maurice est petite-fille de Louis d'Urre, & la Dame Marquise de Brison n'est qu'arriere petite-fille.

Ainsi aux termes du Testament de Claude d'Urre, il est donc clairement prouvé, que la substitution de la terre de saint Maurice appartient incontestablement à la Dame Marquise de saint Maurice qui a une vocation précise en sa faveur, estant petite fille de Louis d'Urré, appellé aussi bien que tous ses enfans à la substitution de la terre de saint Maurice, ayant la proximité du degré, & estant sœur & heritiere du dernier des mâles de sa maison, qui possedoit les biens en contestation.

Si l'on a égard à la volonté de Messire Guichard d'Urre, le dernier des mâles de la maison d'Urre, on ne peut encore lui contester la terre de saint Maurice; parce quelle a l'avantage d'avoir esté élûe nommée & choisie par Messire Guichard d'Urre son frere, pour recueillir après lui les biens substituez

L'on vient de montrer que Claude d'Urre a permis à Louis d'Urre son heritier & à tous les substitués dans tous les degrez de nommer & de choisir pour remplir le degré, non seulement il l'a permis aux mâles de sa maison; mais encore il donne la même liberté aux filles de son heritier dans tous les degrez.

Il est vrai que si Guichard d'Urre avoit laissé des enfans, il auroit été dans l'obligation de faire tomber son choix sur eux, en les nommant suivant l'intention du testateur : mais n'en ayant pas laissé, & le fideicommis après lui passant aux filles de sa maison, il a pû élire & nommer la Dame Marquise de saint Maurice sa sœur aînée, d'autant plus qu'elle y vient de plein droit.

Si l'on consulte les loix & les principes, on trouvera que tout concourt & se réunit en faveur de la Dame Marquise de S. Maurice.

En effet, dans les substitutions graduelles il est des regles que

l'on y fuit toûjours l'ordre de fucceder , & on y prefere toûjours le
plus proche degré au plus éloigné. C'eſt la diſpoſition de la loi 69. § 3. ff.
de leg. 2. *Omnes fideicommiſſum petent. Ita res temperari debet , ut proxi-
mus quiſque videatur invitatus.* Balde ſur la même loi, *obſervandum
ordinem circà gradus.* Fuſarius, *de ſubſtitutionibus* , établit que *la ſubſtitution graduelle & perpetuelle ſe regle toûjours de la même maniere que
la ſucceſſion ab inteſtat.*

Notre juriſprudence Françoiſe eſt conforme à ces deciſions comme l'aſſûre Maître Charles du Moulin art. 22. 23. 24. de l'ancienne
Coûtume de Paris.

Maître Marie Ricard dans ſon traité des ſubſtitutions 1. partie,
nº. 551. 558. dit que *le Teſtateur ayant une fois tranſmis ſes biens à un heritier, & après lui ayant appellé ſa famille pour ſucceder de degré en degré. Il y a lieu de croire en ſe ſervant du même argument , de la ſucceſſion ab
inteſtat , que ſon intention a eſté de les faire ſucceder les uns aux autres
dans le même ordre qu'ils ſont apelez par la loi, c'eſt-à-dire , de proche
en proche, eu égard à celui qui eſt decedé le dernier, & de la main duquel
ſe prend la reſtitution.*

Ce principe établi, il eſt inconteſtable que la Dame Marquiſe de
S. Maurice ayant la proximité du degré, & eſtant ſœur & heritiere
de Mre Guichard d'Urre, le dernier poſſeſſeur de la Terre de Saint-
Maurice, cette Terre luy appartient preferablement à la Dame
Marquiſe de Briſon.

Il eſt encore des principes, ſuivant la déciſion de Ludovicus Molinea dans ſon ſçavant traité des Majorats d'Eſpagne, qui forment
des ſubſtitutions perpetuelles dans les familles, qu'en matiere de
ſubſtitution il faut regarder & ſe fixer à la proximité du degré, eu
égard au dernier poſſeſſeur des biens fideicommiſſés ; enſorte que
ſuivant cet Auteur liv. 1. ch. 6. n. 46. 47. c'eſt une regle inconteſtable en matiere de ſubſtitution, que celuy qui eſt le plus proche
parent du dernier poſſeſſeur des biens ſubſtitués, eſt en droit de
recueillir les biens ſubſtitués.

Une autre regle inconteſtable eſt , que lorſque les biens fideicommiſſés ſont entrés dans une ligne en vertu de la ſubſtitution,
ils n'en doivent jamais ſortir, en vertu du même titre, tant qu'il ſe
trouve des perſonnes dans la même branche capables de recueillir
l'effet de la même ſubſtitution.

Ludovicus Molinea qui vient d'eſtre cité, chap. 4. 12. 14. *Quoties
majoratus ſucceſſio in unam lineam ingreſſa eſt, non debet fieri tranſitus
de illa ad alias , donec aliquis ex eadem linea ſuperſit.*

Tel est aussi le sentiment de Ricard dans son traité des substitutions, 1. part. n. 605. *Il suffit*, dit cet Auteur, *que le fideicommis soit entré dans une ligne pour n'en pas sortir, afin de ne pas troubler l'ordre des successions.*

C'est ce qui a esté jugé en la Chambre où les Parties ont l'honneur de plaider, en faveur de Madame la Maréchalle de Luxembourg, fille du cadet de la Maison, contre Madame la Marquise de Luxembourg sa cousine germaine, fille de l'aîné.

La Dame Marquise de Saint Maurice est encore dans une espece bien plus favorable, parcequ'outre que les biens substitués se trouvent dans sa branche, elle a encore l'avantage de la proximité du degré & l'élection de Guichard d'Urre, le dernier des mâles de la Maison d'Urre.

Objection de la Dame Marquise de Brison.

Qu'elle a le droit d'aînesse & la vocation précise du testateur, qui a eu en vûe dans son testament deux objets principaux : 1° *La masculinité.* 2° *La primogeniture. Que c'est par cette raison que Guichard d'Urre l'a privée de l'heritage de ses peres ; mais que les mâles de la Maison d'Urre ayant fini, le second cas prévû par le testateur est arrivé; c'est-à-dire, que ne restant plus que des filles de son heritier, il a préferé les aisnés aux puisnés ; ensorte qu'estant fille de l'aisné qui a recueilli la substitution, & estant descendue du testateur par la branche aisnée, elle doit estre préferée à la Dame de Saint-Maurice, qui est fille de Rostaing d'Urre, frere puisné d'Antoine.*

La Dame Marquise de Brison établit ce droit imaginaire sur la clause du testament de Claude d'Urre, qui est à la fin de la substitution qui comprend le Fideicommis universel qu'il a fait en ces termes; *Et casu quo nulli starent, &c. Idem Dominus testator voluit eisdem substitutos & substitutas venientes ad ipsius Domini testatoris bona & hereditatem eligi nominari per eorum antecessores in eorum ultimis voluntatibus vel in contractibus inter vivos vel alias, casu quo non nominarentur eligerentur voluit semper praeferri primogenitum & primogenitam respective habilem capacem & non Ecclesiasticum neque monialem.*

Premiere Réponse. Dans le fait, il n'est pas veritable que le Testateur ait ordonné par raport à la terre de S. Maurice aucune préference dont la Dame Marquise de Brison puisse tirer le moindre avantage.

En effet, on vient de raporter les quatres parties de la disposition qu'il a faite concernant la terre de S. Maurice, qui comprend

un Fideicommis distinct & separé du fideicommis universel ; il
veut que nonobstant les substitutions par lui ci-devant faites, la terre de S. Maurice apartienne de plein droit après le décès de
Louïs d'Urre son heritier, & de ses enfans mâles aux filles qui sur-
vivront son heritier & à leurs enfans jusques à l'infini. Tel est la
clause dispositive de la terre de S. Maurice, qui contient une vocation incontestable en faveur de la Dame Marquise de S. Maurice, petite-fille de Louis d'Urre.

Deuxiéme Réponse. Claude d'Urre donne une préference aux mâles de son nom & de sa Maison ; il veut qu'on épuise chaque degré en faveur de la masculinité : mais la Dame Marquise de Brison
ne fera voir en aucun endroit des dispositions particulieres de la
terre de S. Maurice, que le testateur ait ordonné en faveur des
filles aucune préference, il laisse à cet égard les choses dans la
disposition du Droit commun, qui décide la contestation en faveur de la Dame Marquise de S. Maurice, soit pacequ'elle est plus
proche du Testateur d'un degré, qu'elle est petite-fille de Louis
d'Urre heritier, soit parce qu'elle est heretiere de droit de Guichard d'Urre son frere, le dernier des mâles de son nom & de la
Maison.

Troisiéme Réponse. Comme l'intention du Testateur étoit de pré-
ferer les mâles de son nom & de sa Maison, que dans le premier degré il ne s'est trouvé aucun mâle ; Guichard d'Urre a fait ordonner l'ouverture du Fideicommis en sa faveur, il a fait sortir de la
branche aînée les biens substituez, & il les a fait entrer dans la
branche de Rostaing d'Urre, fils puisné de Louis, d'où ils ne
peuvent plus sortir à present par deux raisons incontestables.

L'une, parcequ'il n'y a plus de mâles du nom & de la Maison d'Urre
qu'il n'est plus question de préference entre les mâles qui ne sub-
sistent plus.

L'autre, parceque les biens substitués qui sont une fois entrés dans
une branche, n'en sortent plus tant qu'il se trouve dans la ligne où
les biens sont entrés, des personnes qui n'ont aucune indignité &
qui sont capables de recuillir les biens substitués ; ainsi les biens
estant entrés dans la branche du cadet, il faut épuiser toute cette
branche avant que l'on en puisse faire sortir les biens substitués
qui y sont entrés : Ensorte que la Dame Marquise de Saint-Maurice estant sœur & heritiere de Guichard d'Urre, le dernier des
mâles de sa Maison, n'estant point excluse par le testateur, au
contraire ayant sa vocation précise, il n'y a ni fondement ni
raison

raifon dans la préference demandée par la Dame de Brifon, qui
n'eſt pas même en eſtat de conteſter ce fideicommis à la Dame de
Saint-Maurice, qui a l'avantage de la proximité du degré.

Quatriéme Réponfe. La clauſe du teſtament qu'on vient de rap-
porter, ſur laquelle la Dame de Brifon établit ſon droit, n'a rapport qu'au fideicommis univerſel de Claude d'Urre, & non point
à la Terre de Saint-Maurice, pour laquelle il a fait une diſpoſition particuliere, *non obſtantibus ſupradiẛis ſubſtitutionibus*, ainſi
qu'il l'ordonne preciſément enſuite de cette clauſe.

Enfin, Par rapport au fideicommis univerſel, la Dame Marquiſe
de Saint-Maurice ſoûtient que l'explication de cette clauſe ne peut
avoir d'application qu'en ſa faveur; parcequ'elle eſt *primogenita* de
ſa branche.

En effet, les mâles de la Maiſon d'Urre ayant fini dans la perſonne de Guichard d'Urre, & le fideicommis paſſant aux filles
de la Maiſon d'Urre, ce ne peut eſtre qu'en faveur de la Dame de
Saint-Maurice que l'on peut expliquer la diſpoſition du teſtateur à
cet égard, parcequ'elle eſt *la Premiere-née de la branche cadette* où
ſe trouvent les biens ſubſtitués; il faut épuiſer tous ceux de cette
branche, en préferant le Premier-né ou la Premiere-née de la
branche où les biens ſont entrés; ainſi il eſt clair que la Dame de
Brifon donne une explication forcée & contraire à la volonté du
teſtateur, qui n'a eu d'autre intention pour le fideicommis univerſel de ſes biens, que d'appeller dans chaque degré les Premiers-
nés de la branche où ſes biens ſe trouveroient lors du decès du
dernier poſſeſſeur de ſes biens : De ſorte que par rapport au fideicommis univerſel de Claude d'Urre, la Dame Marquiſe de Saint-
Maurice, exclut auſſi de ce fideicommis la Dame Marquiſe de
Brifon; ainſi tout concourt & ſe réunit en ſa faveur, la proximité
du degré, l'avantage d'eſtre plus proche que la Dame Marquiſe
de Brifon, la vocation préciſe du teſtateur, eſtant Petite-fille de
Louis d'Urre, eſtant *Primogenita* de la branche de Roſtaing d'Urre,
fils puiſné de Louis, où ſe trouvent les biens ſubſtitués; & enfin
heritiere de droit de Mꝛᵉ Guichard d'Urre Marquis d'Aiguebonne,
dernier poſſeſſeur des biens ſubſtitués, & par-deſſus cela, l'avantage de l'élection & de la nomination qu'il a faire de ſa perſonne
pour remplir après luy le degré des ſubſtitutions en conteſtation.

La Dame Marquiſe de Saint-Maurice ſupplie très-humblement
la Cour d'obſerver, que l'élection & la nomination que Mꝛᵉ Guichard d'Urre Marquis d'Aiguebonne ſon frere, le dernier des mâles

C

de sa Maison a faite en sa faveur, merite d'autant plus d'attention, qu'elle a esté permise par Claude d'Urre testateur, non seulement à Louis d'Urre son heritier, à tous ses enfans & à tous les substituez, mais encore aux filles de sa Maison dans tous les degrés qu'ils rempliroient. D'ailleurs, depuis plus de deux siecles qu'il se trouve des fideicommis perpetuels dans la Maison de la Dame Marquise de Saint-Maurice, on voit que dans tous les temps, à remonter jusques à Jean d'Urre en 1490. tous ses auteurs ont toûjours donné à tous les substituez la faculté d'élire & de nommer. Le dernier des mâles de cette illustre Maison ayant marqué en mourant son intention, elle doit servir de loy.

Contre le Sieur Marquis d'Alins.

Le sieur Marquis d'Alins demande la terre de S. Maurice. Pour établir sa pretention, il dit ; *que suivant l'intention de Claude d'Urre testateur : ce sont les filles de Louis qui luy auroient survécu qui sont apelées, & non les filles du dernier des mâles : que ce seroit Polixenne d'Urre qui se trouveroit apelée, si elle vivoit, mais qu'étant decedée avant l'ouverture de la substitution, elle est devenue caduque pour elle & pour ses enfans : de-là il conclut que comme representant Blanche d'Urre il est apelé à la substitution particuliere de la Terre de S. Maurice, suivant la disposition du testateur, en ces termes ; Et ulterius casu quo in futurum nulli starint masculi & femella ex eodem nobili Ludovico hærede, aut si dicti masculi & femella starent & inde decederent sine liberis naturalibus masculis & femellis substituit, in eisdem casu loco mandamento S. Mauritii dictas nobiles Marguaritam & Blanchiam de Urro æquis partibus.*

REPONSE.

La Dame Marquise de S. Maurice soûtient que c'est lui disputer l'avantage de sa naissance que lui contester la terre de S. Maurice qui lui appartient incontestablement en vertu de cette clause dispositive : *Veniat & spectet pleno jure ad filias superstites ipsius nobilis Ludovici de Urro hæredis universalis, & post illarum decessum ad liberos & liberorum liberos usque in infinitum earundem filiarum.*

Cette disposition est si claire, que c'est dénier qu'il est jour à midy, que de former le moindre doute sur la vocation precise de la Dame Marquise de S. Maurice, qui est Petite-fille de Louis d'Urre, d'autant plus que tout le monde sçait que sous le mot de filles en general sont comprises, non-seulement celles du premier degré ; mais auſſi celles du ſecond degré ; c'eſt ce que dit *Ricard des diſp. Condit. Traité* 2. n°. 474. *& ſuivants.*

En ſecond lieu, Non-ſeulement les filles de Louïs d'Urre en ge-neral ſont apelées, mais encore tous les enfans de ces mêmes fil-les ſoit mâles ou femelles, ſans diſtinction : or ſi les enfans des fil-les ſont apelés à l'infini, comme on le démontre par la diſpoſition préciſe du teſtateur, peut-on douter que les meres de ces mêmes enfans apelez à l'infini ne les precedent, puiſque c'eſt par leur canal & par leur naiſſance qu'ils doivent recevoir la terre de S. Maurice? Ainſi on peut donc avancer hardiment que la prétention du ſieur Marquis d'Alins eſt gratuite, faite ſans reflexion & contraire à l'eſ-prit & à l'intention du teſtateur.

En troiſiéme lieu, Il ne faut que lire la clauſe du teſtament ra-portée par le ſieur Marquis d'Alins, pour établir que ſa prétention eſt chimerique & n'a aucun prétexte.

En effet, le teſtateur n'apele Marguerite & Blanche d'Urre que dans le cas où il n'y auroit ni mâle ni femelle de Louïs d'Urre ſon heritier, & que tous les enfans de Louïs d'Urre, ſoit mâles ou fe-melles, decederoient ſans autres enfans mâles ou femelles, la con-dition ſous laquelle Marguerite & Blanche d'Urre ſont apelées, n'eſt pas arrivée, puiſque la Dame Marquiſe de S. Maurice eſt Pe-tit-fille de Louïs d'Urre, & par conſequent, le défaut de la con-dition a fait défaillir la diſpoſition, cela eſt inconteſtable.

Il y a d'avantage, les enfans de la Dame Marquiſe de S. Mau-rice excluroient encore Blanche d'Urre ſi elle vivoit, parce qu'el-le n'eſt apelée qu'après tous les enfans mâles & femelles de la dé-cendance de Louïs d'Urre apelez à l'infini.

D'ailleurs la prétention du ſieur Marquis d'Alins eſt dénuée de tout prétexte & de toutes ſortes de raiſons ; car il ne ſçauroit ja-mais faire voir qu'il y ait en ſa faveur pour raiſon de la terre de S. Maurice aucune vocation expreſſe ni tacite, & c'eſt une moque-querie de ſa part d'oſer avancer qu'il repreſente Blanche d'Urre, decedée il y a près de deux ſiecles, qui n'a jamais eu aucun droit au Fideicommis, dans leſquels on n'admet point de repreſenta-tion.

Contre les Intervenans.

A l'égard des ſieurs Comte de Varax & Marquis de Briſon in-tervenans, ils ne peuvent avoir aucun prétexte pour la terre de S. Maurice, parce que les filles de Louïs d'Urre ſont apelées avant les enfans que ces mêmes filles pouroient avoir des mariages qu'elles contracteroient ; ainsi ces intervenans ne peuvent point exclure la Dame Marquise de S. Maurice ; ni l'un ni l'autre n'ont droit de demander le Fideicommis de la Terre de S. Maurice, qui lui appartient incontestablement, par rapport au sieur Marquis de Brison, parce que la Dame Marquise de S. Maurice devant avoir la préference du Fideicommis particulier, & donnant l'exclusion à la Dame Marquise de Brison sa mere, comme elle l'a établi en commençant ; elle exclut à plus forte raison le sieur Marquis de Brison son fils, suivant la regle *si vinco vincentem te à fortiori vincam te.*

Par raport au sieur Comte de Varax, parce que étant sa mere, elle doit être preferée au Fideicommis particulier de cette terre, à laquelle elle se trouve appellée avant ses enfans.

Seconde Proposition.

Que le Fideicommis universel de Claude d'Urre appartient à la Dame Marquise de S. Maurice.

Le testament de Claude d'Urre contient un Fideicommis graduel & perpetuel de tous ses biens en faveur des enfans de Louis d'Urre son fils & son heritier & des enfans de ses enfans jusques à l'infini, avec préference aux mâles de sa maison.

Messire Guichard d'Urre, Marquis d'Aiguebonne, frere de la Dame Marquise de S. Maurice étant mort, & avec lui tous les mâles de la maison d'Urre, le Fideicommis a passé aux filles de la maison.

La Dame Marquise de S. Maurice soûtient que le Fideicommis universel de Claude d'Urre son ayeul paternel lui appartient, parce qu'étant décenduë de lui elle est apelée *ex præsumpta & necessaria voluntate testatoris* ; n'étant pas à présumer que le testateur ait voulu exclure la Dame Marquise de S. Maurice sa Petite-fille pour faire passer ses biens dans une maison étrangere, d'autant plus qu'il y a 200. ans qu'ils sont dans sa famille de pere en fils.

La Dame Marquise de S. Maurice soûtient donc qu'elle est apelée tacitement par la présomption de la volonté du testateur ; d'ailleurs les droits du sang, & la disposition du droit commun parlent en sa faveur.

2°. La Dame Marquise de S. Maurice a encore l'élection & la nomination que le sieur Marquis d'Aiguebonne son frere le dernier des mâles de sa maison, & le dernier possesseur des biens

substituez

ſubſtituez, a fait en ſa faveur pour recueillir les biens ſubſtituez.

Cette élection rend le droit de la Dame Marquiſe de S. Maurice pour le fideicommis univerſel de Claude d'Urre inconteſtable, parce que le teſtateur a laiſſé à ſon héritier & à tous les ſubſtituez la liberté d'élire & de nommer, & ce n'eſt que par le défaut d'élection que le teſtateur nomme lui-même comme il eſt dit dans ſon teſtament : *Si verò dictus ejus hæres inſtitutus, ejusque prædicti ſucceſſores univerſales, & ſubſtituti inter vivos, aut in ultimâ volontate non diſponerint ; &c. præfatus dominus teſtator ſubſtituit, &c.*

Le teſtateur repete dans tous les differens degrez de ſubſtitution qu'il a faits la liberté d'élire & de nommer, enſorte que Meſſire Guichard d'Urre le dernier des mâles de ſa maiſon, ayant conſommé ce choix, la Dame Marquiſe de S. Maurice doit avoir la préference, parce qu'il eſt des principes en matiere de fideicommis, laiſſé à un ou pluſieurs d'une famille avec liberté à l'héritier & aux ſubſtituez, d'élire & de nommer le choix de l'héritier ou des ſubſtituez , s'execute toûjours, pourvû qu'il tombe ſur une perſonne de la famille qui n'en eſt pas indigne. C'eſt la diſpoſition de la Loi 67. ff. de Leg. 2. *Uunum ex familia propter fideicommiſſum à ſe moreretur. Relictum hæres eligere debet.* La Loi 114. §. 17. ff. *eod.* decide encore la queſtion. *Verum eſt enim in familia reliquiſſe, licet uni reliquiſſet.*

3°. La Dame Marquiſe de S. Maurice a encore l'avantage de la proximité du degré étant petite-fille de Louis d'Urre fils & héritier du teſtateur, ſœur aînée de Meſſire Guichard d'Urre le dernier des mâles de la maiſon d'Urre. La Cour ſçait qu'en matiere de fideicommis graduel & perpetuel qui eſt demandé par pluſieurs perſonnes, la proximité du degré regle toûjours la préference entre les ſubſtituez. L. 32. §. *ult.* L. 69. §. *fratre* ff. de Leg. 2.

4° Dans les ſubſtitutions graduelles & perpetuelles avec préference aux mâles deſcendus des filles, il faut que les mâles, pour exclure les filles, ſe trouvent en parité de degré avec les filles, car quand les mâles ſont dans un degré plus éloigné que les filles, ils ne leur donnent point d'excluſion.

De même dans les Coûtumes qui donnent à l'égard des fiefs la préference aux mâles, ils n'ont cette préference qu'en parité de degré. Ils ne l'ont jamais quànd ils viennent par repreſentation, ou qu'ils ſont dans un degré plus éloigné. Ricard dans ſon traité des ſubſt. part. 1. n°. 600. dit *que le mâle préferé aux filles dans un fideicommis, ne doit avoir cette préference qu'en parité de degrez.* Ainſi

D

quand les mâles qui se presentent aujourd'hui pour demander le fideicommis y auroient quelque droit dont la Dame Marquise de S. Maurice ne convient pas, elle leur donneroit toûjours l'exclusion à cause de l'éloignement de leurs degrez.

Enfin elle a établi comme un principe incontestable que les biens dépendans d'une substitution étant une fois entrez dans une ligne, ils n'en doivent plus sortir en vertu du même titre tant qu'il se trouve dans la ligne des personnes qui n'ont aucune indignité, & qui ne sont point exclus par le testateur.

Ainsi tout concourt & se réünit en faveur de la Dame Marquise de S. Maurice qui a la vocation ticite du testateur. Les droits du sang, l'élection & la nomination de Guichard d'Urre son frere le dernier des mâles de sa maison. Elle a deplus la proximité du degré & l'avantage d'être la sœur aînée de Messire Guichard d'Urre & de trouver dans sa branche les biens substituez que Messire Guichard d'Urre son frere y a fait entrer.

La Dame Marquise de saint Maurice réünit encore en sa personne les droits des sieurs Marquis de Simiane de Claret, & Baron de la garde; elle soûtient de plus, qu'aucune des parties qui se présentent n'est en droit de lui contester le fideicommis universel de son ayeul. C'est ce quelle va établir par surabondance de droit.

Pretention du sieur Marquis d'Alins.

Il dit qu'il est descendu par les mâles de Blanche d'Urre fille de Claude testateur, qu'il y a une vocation precise en sa faveur, prétendant d'estre expressement apelé après tous les males de la maison d'Urre, qu'il est inutile d'entrer dans l'examen des principes établis par la Dame Marquise de S. Maurice qu'il ne faut que lire d'un côté le Testament de Claude d'Urre, & de l'autre jetter les yeux sur la genealogie.

Clause du Testamment dans laquelle le sieur Marquis d'Alins veut trouver sa vocation que l'on rapportera en entier.

Si enim contingeret ipsum nobilem Ludovicum de Urro decedere ab Humanis sine libero aut liberis masculis, vel liberos masculos ipsorum liberorum masculorum sine liberis masculis, de legitimo matrimonio procreatis habilibus, & non Eclesiasticis eo casu substituit dictas nobiles Margaritam & Blanchiam de Urro ipsius domini testatoris filias & earum liberos masculos seu alteros, ipsorum liberorum masculorum quos respective dictæ nobiles marguarita & blanchia de urro nominabunt & eligent veluti idoneos & capaces & ubi dicta nobiles marguarita & blanchia de urro respective illos eorum liberos masculos aptos, idoneos non nominaverint post eandem nobilem marguaritam substituit nobilem Robertum Clareti ipsius domini testatoris, ex dicta nobili marguarita ejus filia nepotem & post ipsum ejus liberum vel liberos masculos & ipsorum liberorum liberos masculos naturales & legitimos aptos & idoneos cum hoc cum portent nomen & arma ipsius domini testatoris & cornillanorum ordine tamen successivo & casu quo dictus nobilis robertus clareti decederet sine liberis masculis & eorum liberos sine aliis liberis masculis eo casu substituit nobilem ludovicum clareti fratrem ipsiuos nobilis Roberti quamvis primogenitum & ipsius nobilis ludovici liberum vel liberos idoneos & habiles quos elegerit, alioquin in non eligendo substituit primogenitum habilem & idoneum pro ut supra declaravit & post decessum omnium prædictorum nobilium marguaritæ de Urro Roberti & Ludovici Clareti, eorum que liberorum præmentionatorum ultimo morienti vel ultimo morientibus sine liberis substituit supra dictam nobilem Blanchiam de Urro & ejus liberos masculos liberorumque liberos in infinitum quos ipsa & sui liberi electi elegerint, alioquin primogenitum & pariter eidem nobili Blanchiæ substituit suos liberos masculos.

La Dame Marquise de saint Maurice soûtient, que le sieur Marquis d'Alins ne sçauroit trouver dans cette disposition la pretenduë vocation qu'il fait valoir en sa faveur.

Primò. Marguerite & Blanche d'Urre appelées respectivement ne l'ont été que dans le cas que Louis d'Urre decederoit privé d'enfans, ce cas n'est point arrivé & la condition ne s'est point accomplie, soit parceque Louis d'Urre a laissé plusieurs enfans qui ont possedé les biens substituez pendant deux siécles, soit parceque la Dame Marquise de saint Maurice est petite-fille de Louis d'Urre qui a pour elle les droits du sang & la disposition de la Loy, qui donnent toûjours aux enfans l'heritage de leur pere.

2° Marguerite & Blanche d'Urre estant decedées avant l'evenement de la condition, leur droit est devenu caduque & s'est éteint pour jamais pour elles & leurs enfans, parce que n'ayant point recueilli le fideicommis elles n'ont pû transmettre à leurs enfans un droit auquel elles n'ont jamais rien eu, & qui s'est éteint par leur predecés. *Hæreditatem nisi fuerit adita transmitti non potest.* C'est la disposition de la Loi 7. *c. de Jur. de lib.*

3° Il n'y a qu'à lire la disposition du testateur qui n'a appellé Marguerite & Blanche d'Urre respectivement & leurs enfans, que dans le cas qu'elles possederoient elles-mêmes les biens du testateur, pour les faire paſſer par leur élection reſpective à leurs enfans dans la préſuppoſition que Louis d'Urre heritier de Claude decederoit ſans enfans. Ce cas n'eſt point arrivé puiſque Marguerite & Blanche d'Urre & leurs enfans juſqu'à la quatriéme generation ſe ſont évanouis, ſans qu'ils ayent jamais eu aucun droit au fideicommis ; & conſequemment elles n'ont pû tranſmettre ce qui ne leur a jamais apartenu.

4° Il y a doubles conditions ſous leſquelles le teſtateur a appellé Marguerite & Blanche d'Urre & leurs enfans. La premiere condition du decès de Louis d'Urre ſans enfans, ce qui n'eſt point arrivé, puiſque Louis d'Urre a laiſſé pluſieurs enfans.

La ſeconde. La neceſſité d'élire & de nommer par Marguerite & Blanche d'Urre reſpectivement. Cette ſeconde condition a encore manqué par le predecès de Marguerite & Blanche d'Urre, de ſorte que l'eſperance du fideicommis eſtant devenue caduque par leur predecès : il s'enſuit qu'elles n'ont jamais rien eu à la diſpoſition ; & par conſéquent qu'elles n'ont pû tranſmettre ce qui ne leur a point appartenu.

5° Dans le cas que Marguerite & Blanche d'Urre reſpectivement ne nommeroient pas, le teſtateur n'appelle point les enfans de Blanche d'Urre, comme le ſieur Marquis d'Alins l'a dit *au contraire le teſtateur appelle préciſément après Marguerite d'Urre Robert de Claret & ſes enfans.* Il n'y a qu'à lire la diſpoſition du teſtateur cy-deſſus rapportée, qui prouve évidemment que l'intention du teſtateur n'a eſté d'appeller les enfans de Marguerite & Blanche d'Urre, que dans le cas où Louis d'Urre decederoit ſans enfans, & que Marguerite & Blanche d'Urre recueilleroient elles-mêmes le fideicommis pour le tranſmettre à leurs enfans par la voye de l'élection & de la nomination reſpective qu'elles feroient, condition qui s'eſt éteinte par leur mort.

6° Après Robert Declaret & ſes enfans, le teſtateur apele Louis Declaret & ſes enfans, & aprés Louis Declaret & ſes enfans, le teſtateur apele après leur deceds Blanche d'Urre & ſes enfans. Mais cette diſpoſition ne peut jamais ſervir de pretexte à la demande en ouverture de ſubſtitution du ſieur Marquis d'Alins, parce que ceux aprés leſquels Blanche d'Urre & ſes enfans ſont apelez, n'ont jamais rien eu au Fideicommis.

En effet Marguerite d'Urre, Robert Declaret & ſes enfans, Louis Declaret & ſes enfans apelez avant Blanche d'Urre & ſes enfans n'ont jamais eu aucun droit au Fideicommis, & par conſequent le
ſieur

sieur Marquis d'Alins n'en a aucun, ne pouvant pas avoir plus de droit que ceux qui l'ont precedé & aprés lesquels il est apelé; car sa vocation est pour succeder au dernier mourant des enfans de Marguerite d'Urre, de Robert de Claret & de Louis Delaret, ni les uns, ni les autres, n'ont eu aucun droit au Fideicommis & consequemment le sieur Marquis d'Alins n'y en peut jamais avoir, puisque ceux aprés lesquels il est apelé, n'y ont jamais eu aucun droit.

La preuve certaine & incontestable que l'intention du testateur n'a été d'apeler Marguerite & Blanche d'Urre & leurs enfans que dans le cas où elles recueilleroient elles-mêmes le Fideicommis pour le transmetre à leur choix à leurs enfans, est que le testateur a fait une substitution reciproque entre Marguerite & Blanche d'Urre, laquelle n'a pû avoir effet que dans le cas où elles auroient recueilli elles-mêmes le Fideicommis, pour le transmettre à leurs décendans; ce qui n'est pas arrivé, puisque Marguerite & Blanche d'Urre & leurs enfans jusques au quatriéme degré sont decedez avant l'évenement de la condition qui a éteint pour jamais aux décendans, de Marguerite & de Blanche d'Urre l'esperance du Fideicommis.

Mais il y a davantage, car qand on suposeroit contre la verité que le Fideicommis en question a passé aux enfans de Marguerite & Blanche d'Urre. La Dame Marquise de S. Maurice soûtient encore dans le cas de cette suposition que le Fideicommis lui apartient, comme étant aux droits du sieur Marquis de Simiane qui est décendu de Louis de Claret.

En effet les enfans de Blanche d'Urre ne sont apelez qu'aprés tous les enfans de Louis de Claret, & pour succeder seulement au dernier mourant des enfans de Louis de Claret. Or le sieur Marquis de Simiane est mâle décendu de Louis de Claret, ayant la vocation premiere du testateur, & par consequent il exclut le sieur Marquis d'Alins.

Objection du sieur Marquis d'Alins.

Qu'il y a une fille dans la décendance du sieur Marquis de Simiane qui est Lucrece de Claret, au-lieu qu'il décend de mâle en mâle de Blanche d'Urre.

La réponse est fort prompte, quoique le sieur Marquis de Simiane trouve dans sa décendance une fille, cela n'empêche pas que dans le cas de la suposition ci-devant faite, le sieur Marquis

de Simiane n'eut la préference pour remplir le degré en contestation par deux raisons ; l'une parce qu'il a la vocation premiere du
testateur, & qu'il est décendu de Loüis de Claret apelé expressement.

L'autre est que Lucrece de Claret fille de Louis Delaret ayant
laissé des enfans mâles de qui le sieur Marquis de Simiane est décendu ; le Fideïcommis a repris sa force en leurs personnes, parce
qu'il suffit pour faire valoir la préference du sieur Marquis de Simiane, qu'il fasse voir qu'il est mâle décendant du sieur de Claret
apele expressement à la substitution ; parce qu'il n'y a pas de dif-
ficultez & qu'il est des principes certains comme le décide Ricard
des Disposit. Condit. Traité 2. n°. 482. *que les mâles quoique décendans des femmes doivent produire leur effet* ; c'est aussi ce que décide
M. Charles du Moulin §. 25. de la Coût. de Paris n°. 6. *Venit nepos
ex filia quia est masculus & descendens.*

Ainsi inutilement oposeroit-on au sieur Marquis de Simiane qu'il
trouve dans sa décendance une fille, parce qu'il suffit encore une
fois qu'il soit mâle décendu de Louis de Claret nommé avant les enfans de Blanche d'Urre, & par consequent le Fideïcommis dans
le cas de la suposition faite apartiendroit incontestablement à la
Dame Marquise de S. Maurice, comme étant aux droits du sieur
Marquis de Simiane qui a la vocation premiere.

Contre la prétention de la Dame Marquise de Brison.

La Dame Marquise de S. Maurice suplie tres-humblement la
Cour de voir ce qu'elle a dit à l'egard du Fideïcommis particulier
de la terre de S. Maurice, contre la prétention de la Dame Marquise de Brison, les mêmes raisons qui l'excluënt du Fideïcommis particulier, l'excluënt pareillement du Fideïcommis universel,
ainsi elle ne repetera rien de ce qu'elle a dità cet egard.

Contre la pretention du sieur Marquis de Brison intervenant.

La Dame Marquise de S. Maurice soûtient qu'il lui sufit d'a-
voir montré qu'elle exclut la Dame Marquise de Brison pour
donner pareillement l'exlusion au sieur Marquis de Brison son fils
qui ne peut pas avoir plus de droit que sa mere.

Par dessus cela la Dame Marquise de S. Maurice a l'avantage
de la proximité du degré & de trouver dans sa branche les biens
substituez, qui ne peuvent lui être enlevez par un mâle d'une
branche differente de celle où se trouvent les biens, avec d'autant plus de raison, que la Dame de S. Maurice a des enfans

mâles qui excluroient fans difficulté le fieur Marquis de Brifon, qui eft dans un degré beaucoup plus éloigné que fes enfans.

La Dame marquife de S. maurice obfervera auffi à la Cour, que c'eft moins dans la vûe de fes interêts qu'elle demande le fideicommis univerfel de Claude d'Urre, que pour empêcher que fa famille ne foit inquietée & vexée par les procez qui lui feroient faits par le fubftitué pour la recherche des biens de Claude d'Urre, eftant certain qu'il n'avoit d'autres biens, que ceux dont il étoit lui-même grevé de fubftitution par Antoine d'Urre premier fon pere, & dont Guichard d'Urre a rempli le quatriéme & dernier degré de la fubftitution qu'il a faite.

Monfieur FERRAND *Rapporteur.*

Me. DES GRANGES Avocat.

GAIGNANT Procureur.

Signifié aux Procureurs des parties

9 782019 319304